NOTE

SUR LES

RÉFORMES RÉCENTES

DE LA

LÉGISLATION FÉDÉRALE DES CHEMINS DE FER

AUX ÉTATS-UNIS

PAR

M. O. HENRY-GRÉARD,

Ingénieur au Corps des Mines.

(Extrait des ANNALES DES MINES, livraison de Mars 1907.)

PARIS

H. DUNOD et E. PINAT, ÉDITEURS

49, Quai des Grands-Augustins, 49

1907

NOTE

SUR LES

RÉFORMES RÉCENTES

DE LA

LÉGISLATION FÉDÉRALE DES CHEMINS DE FER

AUX ÉTATS-UNIS

PAR

M. O. HENRY-GRÉARD,

Ingénieur au Corps des Mines.

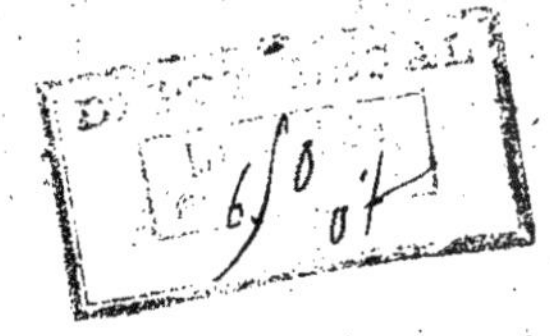

(Extrait des ANNALES DES MINES, livraison de Mars 1907.)

PARIS

H. DUNOD ET E. PINAT, ÉDITEURS

49, Quai des Grands-Augustins, 49

1907

NOTE SUR LES RÉFORMES RÉCENTES

DE LA

LÉGISLATION FÉDÉRALE DES CHEMINS DE FER

AUX ÉTATS-UNIS

L'objet de cette note n'est pas d'exposer dans son détail la législation fédérale des chemins de fer aux États-Unis. Nous voudrions seulement marquer les différentes étapes du chemin parcouru depuis une vingtaine d'années, indiquer les tendances de la loi promulguée le 29 juin 1906 et préciser les questions délicates que soulèvera son application.

L'on sait qu'aux États-Unis, pays confédéré, le droit de légiférer appartient à la fois aux législatures d'État et au Congrès fédéral. La Constitution de 1787 (avec ses amendements) définit la limite de chacun de ces pouvoirs et pose un certain nombre de principes que doit respecter toute loi nouvelle. Les Cours judiciaires fédérales et, à leur tête, la Cour suprême, doivent contrôler et maintenir cette conformité.

C'est dans la Constitution de 1787 que le contrôle fédéral des chemins de fer trouve à la fois son fondement et ses limites. L'article 1 (section VIII) dit :

« Le Congrès aura le droit de réglementer le commerce avec les pays étrangers et d'État à État. » Cette dévolution de pouvoir s'expliquait à la fin du XVIIIe siècle par la crainte de voir s'élever entre les États des barrières menaçantes pour l'unité nationale. Pareil danger n'existe plus aujourd'hui ; et à la rigueur croissante de la réglementation fédérale une nouvelle justification doit être donnée. Les partis les plus conservateurs admettent que les transporteurs publics sont chargés d'un service d'intérêt général et, pour employer les expressions de la Cour suprême elle-même (*), que les compagnies de chemins de fer « remplissent en quelque mesure une fonction du gouvernement ». Pourtant les chartes qui les créent, chartes d'État presque toujours, se bornent à établir leur existence légale, à indiquer les lignes nouvelles, à octroyer certains droits exceptionnels, comme celui d'expropriation. Il n'y est question ni de privilèges ni même de concession. Les subventions, en terres ou en argent, n'ont été accordées qu'aux entreprises d'intérêt national ou stratégique, comme l' « Union Pacific » (**). Rien enfin ne limite la concurrence ; les lois récentes ne font que l'encourager. La doctrine ne semble pas moins établie que l'industrie des chemins de fer ne doit pas jouir d'une complète indépendance ; la liberté des contrats individuels ne saurait subsister ; l'importance économique, pour le pays, des questions de transport, la puissance des monopoles de fait que se sont assurés les compagnies, l'infériorité dans laquelle les trusts placent les petits producteurs, imposent l'application de tarifs raisonnables et uniformes. Maintenir cette équité et cette égalité de traitement est un devoir pour le Gouvernement fédéral,

---

(*) Gouvernement fédéral contre « Joint Traffic Association », 1898.

(**) Une convention de 1862 accordait à l' « Union Pacific » le droit d'émettre directement des obligations fédérales 6 p. 100 amortissables en trente ans, jusqu'à concurrence de 136.182.000 francs. Le service des intérêts et l'amortissement étaient à la charge du Trésor public, qui devait rentrer dans la totalité de ses avances par un prélèvement de 5 p. 100 sur les bénéfices nets. Ces bénéfices furent nuls dans les premières années. Une transaction en 1897 a remboursé au Gouvernement fédéral le capital et les intérêts simples, mais non les intérêts composés.

et il doit le remplir avec les pouvoirs et dans les limites de la Constitution.

Ces limites sont de plusieurs sortes. Les unes résultent du texte même de l'Act de 1787, et nous verrons dans quelle mesure leur interprétation peut restreindre les effets de la loi de 1906. Les autres proviennent de la dualité de législation régissant les chemins de fer qui traversent plusieurs États : législation fédérale, législation d'État. Leur domaine respectif a été définitivement fixé par une décision de la Cour suprême en 1886 (*) : est soumis à la réglementation fédérale tout trafic chevauchant, soit par son origine, soit par sa destination, sur deux États ; et aucun de ceux-ci n'a droit de légiférer, même pour la portion de parcours qui emprunte son territoire. En revanche, le commerce local échappe entièrement à l'action du Congrès.

Malgré cette séparation de compétences, l'influence des législations d'État a été profonde sur le développement du contrôle fédéral ; elles l'ont précédé et préparé : leur évolution est étroitement liée à l'histoire des chemins de fer avant la première loi fédérale en 1887.

Développement économique des chemins de fer avant 1887. — A la différence de la France ou de l'Allemagne, les États américains restèrent complètement étrangers à la fondation des réseaux. Des subventions furent parfois allouées aux banques qui lançaient l'affaire ; aucun de ces prêts ne fut remboursé : ces sociétés de la première heure firent faillite.

En 1850 la longueur des voies ferrées, aux États-Unis, était de 14.500 kilomètres (**). Les années qui suivirent marquèrent, comme en France, une première concentra-

---

(*) « Wabash, Saint-Louis and Pacific Railway Company » contre État d'Illinois.

(**) Elle est aujourd'hui de 344.000 kilomètres.

tion. Les compagnies secondaires furent rachetées ou disparurent ; les puissants groupes de l' « Érié » du « Pennsylvania », du « New-York Central », furent constitués. La guerre de Sécession ralentit le développement économique du pays ; quand il reprit, les efforts se portèrent vers l'Ouest, où des terres nouvelles s'ouvraient à la culture. Des lignes furent construites, des tarifs spéciaux accordés aux fermiers de ces régions lointaines pour le transport des grains vers l'Est et vers les ports d'exportation. Dès l'origine, la lutte fut vive entre les compagnies rivales, et les abus se multiplièrent. Des réductions étaient faites aux expéditions en provenance des villes desservies par plusieurs réseaux concurrents ; aucun compte n'était tenu de la distance. Le trafic local payait les frais de ces faveurs.

L'État d'Illinois, en 1871, fut le premier, par un amendement à sa Constitution, à créer une commission spéciale chargée de réglementer les chemins de fer. L'institution était nouvelle ; il y avait bien, depuis plusieurs années, en Nouvelle-Angleterre, des « Comités permanents » de chemins de fer, nommés par le Gouvernement. Mais leur action se bornait à dresser des statistiques, à arbitrer les litiges d'expropriation et à déterminer l'assiette des impôts. La nouvelle commission de l'Illinois reçut des pouvoirs plus étendus : elle pouvait fixer des tarifs maximums, poursuivre les compagnies qui refusaient d'en tenir compte, à charge pour celles-ci de prouver devant les Cours le caractère injuste des conditions qui leur étaient faites.

Ce premier exemple fut suivi ; et, de 1870 à 1880, dans les États du Centre et de l'Ouest, fut promulguée la série des « Granger laws » : des commissaires devaient être nommés par les gouverneurs ou directement élus ; ils étaient chargés de déclarer le maximum des perceptions autorisées. Leur mission, suivant les pays, était plus ou moins largement comprise : tantôt cette revision des tarifs était générale et obligatoire ; tantôt elle était limitée à l'objet des plaintes de certains expéditeurs. Appel pouvait être fait aux Cours d'États des décisions des commissions.

Cette législation nouvelle fut vivement combattue par les compagnies. Le principe constitutionnel en fut reconnu par une décision de la Cour suprême en 1877 (*). Trop radicales ou prématurées, les lois de certains États durent pourtant disparaître ; d'autres demeurèrent. Elles contenaient les germes de la réglementation qui, dix ans plus tard, devait passer dans les lois fédérales.

En 1874, après la construction du « Grand Trunk » de Chicago à Montréal et Boston, une lutte de tarifs s'était engagée entre les réseaux maîtres du trafic de l'Ouest à l'Atlantique. Les ports de Boston, New-York, Philadelphie, Baltimore se disputaient le commerce d'exportation ; toute faveur accordée à l'un pouvait ruiner l'autre. Une véritable surenchère de réductions commença ; elle dura jusqu'en 1877. Puis la réaction fut aussi vive que l'avait été la concurrence : un premier exemple d'association de bénéfices fut donné en 1876 par les chemins de fer du Sud-Est ; deux ans plus tard, le territoire américain était couvert de « pools ». Le pool a deux formes : dans la première, « pool de fret », les lignes concurrentes reçoivent chacune une proportion fixée des transports auxquels elles peuvent prétendre ; dans la seconde, « pool d'argent », les recettes brutes sont mises, tout ou partie, en commun, et chaque compagnie est rétribuée suivant un taux réglé par année. Des cautionnements garantissent l'observation du contrat ; un comité exécutif surveille le versement et l'emploi des fonds ; il est assisté d'un tribunal d'arbitrage.

(*) Arrêts de la Cour suprême sur les « Granger cases » : entre autres, Munn contre État d'Illinois.

L'Interstate Commerce Act de 1887. — L'ère des pools dura dix ans ; l'opinion publique s'émut bientôt de leur cohésion et de leur puissance croissantes ; elle exigea leur dissolution et demanda des garanties contre les abus que les compagnies pourraient à l'avenir individuellement commettre. Un projet de « statut fédéral » fut déposé au Congrès par le sénateur Cullom ; le vote en fut hâté par l'arrêt de la Cour suprême en 1886 (affaire du Wabash), dont nous avons plus haut indiqué le sens. Il marquait en effet une orientation entièrement nouvelle de la jurisprudence. Des arrêts antérieurs (*) avaient reconnu aux États le droit de réglementer les transports accomplis sur leur territoire, quelle qu'en fût l'origine ou la destination. Remettre, comme la Cour le fit en 1886, ce droit au Gouvernement fédéral pour tout le commerce d'État à État était restreindre singulièrement le pouvoir réglementaire des Commissions ; il devenait nécessaire d'étendre aux expéditions à longue distance ce qu'elles avaient fait pour le trafic local. Une loi fédérale fut votée en 1887.

C'était la première fois que le Congrès exerçait son pouvoir de contrôle. Son intervention avait bien été sollicitée par les fermiers de l'Ouest lors des plaintes qui avaient provoqué les mesures de la « Granger legislation ». Mais aucune suite n'avait été donnée au rapport Windom (1874), où l'auteur proposait la construction d'un chemin de fer par le Gouvernement fédéral, destiné à faire concurrence aux lignes de Chicago à l'Atlantique.

L' « Interstate Commerce Act » pose le principe que, pour être légaux, les tarifs doivent être « justes et raisonnables » et égaux pour tous. Sont par conséquent interdits les *rebates*, ristournes plus ou moins déguisées que recevaient les expéditeurs, et les *discriminations*, remises

---

(*) En particulier, arrêt Peik contre « Chicago and Northwestern Company », 1877.

de taxes ou réductions sur les prix du barême. Contre ces abus, la loi cherche une garantie dans :

— L'interdiction des pools sous toutes leurs formes (sect. V).

— La publicité des tarifs ; dix jours doivent s'écouler avant leur mise en vigueur, trois seulement si c'est pour les diminuer qu'on les modifie (sect. VI).

— La clause dite de *long and short haul distance*. Le maximum de perception pour une distance quelconque est donné par le tarif applicable pour la station la plus éloignée de la ligne, et les avantages accordés au commerce entre deux villes importantes doivent également profiter à toutes les localités intermédiaires. La règle n'est pas absolue ; des dérogations peuvent être autorisées (sect. IV).

— L'institution de l'*Interstate Commerce Commission*. Elle se compose de cinq membres nommés par le président, pour six ans, après consultation du Sénat. C'est à la nature et à l'étendue des pouvoirs de ce nouveau comité que l'on peut désormais mesurer le plus exactement les progrès du contrôle fédéral et les limites imposées à l'indépendance des Compagnies.

Dans la loi de 1887, l'*Interstate Commerce Commission* n'est pas un tribunal, mais un corps consultatif chargé de donner des avis et notamment de préparer les arrêts des Cours. Les plaintes dont elle est saisie viennent des commerçants ou des villes lésés, des « Commissions d'État ». Une enquête s'ouvre, et les commissaires ont plein pouvoir pour provoquer tous les témoignages et vérifier les livres de comptabilité utiles à l'instruction de l'affaire. Un rapport clôt la procédure. Ses conclusions indiquent si les prescriptions de la loi ont été violées et, s'il y a eu dommage, en fixent la valeur. Le défendeur reçoit « avis » de ne plus prélever à l'avenir les tarifs et les taxes reconnus abusifs. Il peut prendre cet engagement, faire réparation au plaignant, et aucune amende désormais ne doit le frapper pour ses infractions à la loi précédemment commises. Il peut aussi passer outre ; et la cause sera portée soit par la Commission, soit par les intéressés, devant la Cour fédérale de circuit.

Les « avis » de la Commission n'ont, en effet, par eux-mêmes, aucune force exécutoire. Les Cours seules ont droit de faire des injonctions, de prononcer des astreintes. Leur pouvoir de révision est illimité : l'exposé des faits dans le rapport de l'*Interstate Commission* constitue un témoignage de « premier ordre » ; c'est la seule autorité reconnue à son enquête. Les tribunaux fédéraux enfin sont maîtres d'appliquer les sanctions prévues par la loi. Elles frappent les agents responsables et ceux qui ont accepté comme ceux qui ont accordé des traitements de faveur. Toute contravention aux dispositions de l'Act de 1887 est punie d'une amende maximum de 25.000 francs. Deux années d'emprisonnement peuvent s'y ajouter, s'il y a eu *discrimination*. Le défaut de publicité des tarifs est très sévèrement réprimé, et, tant que la communication officielle n'en a pas été faite à l' « Interstate Commission », les Cours ont le droit, par tous moyens en leur pouvoir, de « suspendre le trafic » sur le réseau de la compagnie réfractaire.

Application de la loi de 1887. — Loi Elkins (1903). — Les rapports annuels de l'*Interstate Commission* indiquent clairement la portée de son action. Dans les questions de tarifs, principal objet de ses enquêtes, elle peut dire ce qui est injuste, non ce qui est juste ; elle condamne une taxe sans avoir le droit de déterminer celle qui doit la remplacer. La Cour suprême, dans un arrêt de 1897 (*), lui a dénié le pouvoir constitutionnel de fixer un prix de

---

(*) « Interstate Commerce Commission » contre « Cincinnati, New Orleans and Texas Pacific Railway Company ».

transport ou même de répartir par classes les différentes
catégories de marchandises. Les limites légales ont été
rendues plus étroites encore par la jurisprudence fédérale. L'intention du Congrès, en 1887, semblait être de
confier à la compétence de la commission l'étude économique et financière des questions en litige; la révision
des tribunaux devait se borner à accorder les conclusions
de cet examen avec la loi et la Constitution. Les Cours
n'ont pas toujours admis cette distinction; elles ont souvent repris entièrement l'enquête déjà faite et rendu des
jugements contredisant les propositions qui leur étaient
soumises.

Le pouvoir de l'*Interstate Commission* s'est ainsi
trouvé, dans l'application, diminué. Son influence n'en a
pas moins été grande. Elle a développé et unifié les
méthodes de statistique. La loi de 1887 oblige les compagnies à un rapport annuel établissant leur situation
financière, la décomposition du matériel et du personnel,
les résultats d'exploitation; un amendement de 1901 a
permis de les compléter par des bulletins trimestriels
d'accidents. Ces données sont résumées dans des tableaux
d'ensemble très précis et très clairs. Mais les travaux de
la Commission ont surtout été efficaces par leur action
sur l'opinion publique. La publicité de ses séances et la
publication de ses enquêtes ont apporté un puissant con-
cours aux partis politiques dans la campagne entreprise
contre les trusts. Il n'est pas, dans ces dernières années,
d'instruction judiciaire ouverte contre un des monopoles
industriels qui n'ait été précédée et déterminée par un rapport de l'*Interstate Commission*. Elle est ainsi devenue
un Conseil écouté du pouvoir exécutif et un auxiliaire
utile du ministère public.

La loi de 1887 n'a pourtant pas produit les effets
attendus. La clause interdisant les « pools » resta lettre
morte; ils furent dissous, mais pour se reconstituer sous

un autre nom. Des « associations » prirent leur place ; l'on n'y partageait plus les bénéfices ni le trafic ; mais les lignes concurrentes s'entendaient pour adopter des tarifs uniformes et organiser une surveillance réciproque. Une amende punissait les infractions à la règle commune. Contre ces nouveaux groupements l'*Interstate Commerce Act* était impuissant ; dix ans plus tard seulement (*) la Cour suprême trouvait moyen de les briser en appliquant la loi Sherman, dite « antitrust », de 1890, qui interdit toute combinaison « de nature à restreindre la liberté du commerce ».

Ces efforts répétés de la jurisprudence et du Congrès pour isoler les compagnies rivales s'inspiraient du même principe : un accord ne peut qu'élever les prix sans même les rendre égaux pour tous ; les membres participants d'un pool se prêtent à des concessions et réductions secrètes pour augmenter leur trafic et accroître ainsi la part qui leur est allouée. La liberté et l'intensité de la concurrence semblaient donc la garantie la plus sûre de tarifs uniformes et bas. Cette politique commerciale pouvait être juste en théorie ; elle fut mise en échec par la concentration industrielle de ces dernières années.

Les chemins de fer ne pouvaient échapper au mouvement général qui tendait à placer la puissance économique du pays entre les mains de quelques groupes financiers ou de quelques hommes. Où il y avait auparavant rapprochement et union, il y eut absorption, et les moyens ne manquèrent pas aux grandes compagnies pour s'assurer la possession des plus faibles ; ce fut parfois l'acquisition pure et simple ou seulement l'achat d'une majorité ou même d'une minorité importante des actions, souvent la location à bail, plus souvent encore ce que les Américains appellent la « communauté d'intérêts » : les mêmes

---

(*) Gouvernement fédéral contre « Trans-Missouri Freight Association », 1897.

administrateurs siègent aux conseils de direction des différents réseaux et maintiennent l'unité d'action. L'histoire récente est pleine de ces « consolidations » plus ou moins étroites. En 1897, 33 p. 100 des lignes dépendaient des six groupes financiers qui dominent le marché ; en 1903, 75 p. 100 ; en 1904, 95 p. 100. Le partage se trouve ainsi presque achevé du territoire des États-Unis entre un nombre limité de « systèmes (*) ». La concurrence n'existe plus qu'entre deux ou trois d'entre eux et seulement pour le trafic à longue distance ; encore l'entente des agents commerciaux a-t-elle permis d'établir, suivant les régions, des classifications communes.

Si le champ de la lutte s'est ainsi rétréci, elle n'en est pas restée moins vive pour certains transports comme ceux de viandes, de fruits, de marchandises d'exportation, et plus généralement pour tous les tarifs spéciaux dont l'application peut modifier une industrie ou déplacer un marché. L'inégalité croissante des expéditeurs a aggravé les inégalités de traitement. Les trusts, pour se développer, ont besoin des faveurs des chemins de fer ; les chemins de fer, pour prospérer, de la clientèle des trusts. Ces ententes ont multiplié les « rebates » et les « discriminations », dont les enquêtes récentes ont révélé les formes variées : location de matériel privé, déductions sur les récépissés d'acomptes fictifs, paiement de frais exagérés de magasinage aux propriétaires d' « elevators »,

---

(*) Savoir :

	Nombre de kilomètres	Capital
Système Vanderbilt............	35.000	$ 1.169.000.000
— Pennsylvania........	30.880	$ 1.822.000.000
— Morgan............... ..	75.520	$ 2.265.000.000
— Gould-Rockefeller.......	45.000	$ 1.368.000.000
— Harriman...............	36.720	$ 1.321.000.000
— Moore (Rock Island).. ..	40.000	$ 1.070.000.000
		(Chiffres de 1904)

Le système Harriman vient encore de s'agrandir de 7.000 kilomètres par l'absorption de l' « Illinois Central Railroad » (novembre 1906).

taxes de réfrigération, etc..., il serait long d'en donner la liste.

L'opinion publique s'est émue de ces abus : en 1903, le Congrès a voté la loi « Elkins ». Elle précise certaines interprétations douteuses de l' « Act de 1887 » et le complète : elle est dirigée contre les tarifs de privilège, les « discriminations ». Les procureurs généraux reçoivent le pouvoir, mal défini jusque-là, de les poursuivre, soit d'office, soit sur requête de l'*Interstate Commission;* la plainte d'un intéressé n'est plus nécessaire. La procédure est simplifiée, l'immunité assurée aux témoins. Les Compagnies sont désormais responsables, en même temps que leurs agents, des infractions commises, et passibles des mêmes peines. Le taux maximum de l'amende par contravention est porté de 25.000 à 100.000 francs, l'emprisonnement supprimé (la sévérité de la sanction la rendait applicable).

Les réformes de la loi Elkins furent jugées trop timides. Des procès s'engagèrent : quelques-uns durent encore. Mais les Compagnies eurent vite fait de trouver des expédients qui échappaient à la répression des tribunaux (*); — d'autre part, la campagne ouverte contre les trusts par le parti démocrate recevait une activité nouvelle du soutien d'une fraction du parti républicain (**) entraînée par le Président Roosevelt. Le message du 8 décembre 1905 montrait la nécessité d'un « accroissement progressif du droit de contrôle attribué à l'État », et traçait les grandes lignes du projet qui est devenu la loi Hepburn.

Loi Hepburn (29 juin 1906). — La discussion en a duré près d'un an : toute la session législative 1905-1906.

(*) La jurisprudence, en 1902, avait pourtant reconnu aux lois fédérales le droit d'initiative en matière de poursuite des « discriminations ».
(**) Voir le rapport Hepburn à la Chambre des députés (27 janvier 1906).

L'opposition fut vive, au Sénat surtout, dans le parti conservateur, et il fallut transiger. Les dispositions nouvelles que nous résumons ci-dessous sont exécutoires à partir du 29 août 1906.

a) *Extension du champ d'application de la loi de* 1887. — Le texte ancien parlait en termes assez vagues de « transports publics par voie ferrée » : une énumération précise le remplace. Elle englobe :

1° Les « pipe-lines » conduites à grande distance, reliant les puits de pétrole aux centres de consommation et de raffinage. Construites par le trust de la Standard Oil avec l'appui des chemins de fer, elles sont exploitées par lui, et les tarifs ont toujours été l'instrument de ruine le plus sûr des producteurs indépendants ;

2° Les Compagnies d' « express » (*) et de wagons-lits (Compagnie Pullmann) ;

3° Tout le matériel roulant, celui des Compagnies de chemins de fer, celui qui appartient aux expéditeurs, celui enfin de certaines sociétés de transport qui font commerce de louer des wagons, les embranchements particuliers, toutes les voies et constructions pouvant servir à la manutention et à l'entrepôt des marchandises, au cours de leur réception, transport ou livraison. Ainsi se trouve rattachée au contrôle fédéral une partie de l'exploitation qui lui était jusque-là soustraite : l'établissement des taxes de toutes sortes : réfrigération, magasinage, location de lignes, etc.

b) *Suppression des permis de circulation gratuite.* — C'est le Sénat qui a fait voter cet amendement (**). Une

---

(*) On sait qu'aux États-Unis le service des messageries et de nos colis postaux est assuré par l'intermédiaire des Compagnies spéciales dites « d'express ». Elles se chargent du camionnage et possèdent des wagons qui sont admis dans les trains de voyageurs. Une portion variable des recettes est versée à la Compagnie de chemin de fer.

(**) Un grand nombre d'États avaient déjà voté des prescriptions analogues, interdisant l'octroi d'aucune faveur aux fonctionnaires du Gouvernement ou des Cours locales.

amende de 500 à 10.000 francs punit chaque contravention. Mais les dérogations autorisées sont nombreuses. La gratuité est maintenue aux employés du réseau et à leurs familles (avec droit d'échange de permis entre Compagnies), aux indigents, aux matelots et soldats renvoyés dans leurs foyers, ... et aux voyageurs blessés dans un déraillement ou accident quelconque.

c) *Interdiction aux Compagnies de chemins de fer ou assimilées de posséder aucun des produits qu'elles transportent.* — Exception est faite pour les matières premières nécessaires à la construction de la voie ou du matériel. La loi entend frapper les Compagnies propriétaires de mines ou d'industries ; dégrevées des frais de transport ou les faisant payer au prix coûtant, il leur est facile d'accaparer un marché et de s'assurer un monopole de production (*). La disposition nouvelle leur en retire le pouvoir ; elle n'est d'ailleurs applicable qu'au 1er mai 1908 (**).

d) *Responsabilité du transporteur.* — Il doit désormais la supporter pleine et entière, et aucun contrat particulier ne peut légalement l'y soustraire. Si le transport emprunte plusieurs réseaux, la Compagnie qui a reçu la marchandise sert de caution aux autres ; elle a recours contre elles.

e) *Publicité des taxes et tarifs.* — Celle des taxes n'existait pas dans la loi de 1887, celle des tarifs est largement étendue. Chaque gare doit afficher un tableau donnant, *pour toutes destinations*, les prix du barème,

---

(*) C'est ce qui s'est produit dans le bassin de l'anthracite ; il est aujourd'hui réparti entre les quatre ou cinq chemins de fer qui le traversent. Chacun exploite lui-même ou sous un nom d'emprunt les mines qu'il réunit à la côte et aux lacs ; les « indépendants » ont été progressivement éliminés.

(**) Elle ne le sera pas aux propriétaires de « pipe-lines ». Après discussion, le Congrès a voté cette restriction formelle. Ne pas la faire fût revenu à une confiscation inconstitutionnelle de l'industrie de la « Standard Oil ».

les tarifs spéciaux et communs et les taxes additionnelles. Même obligation incombe aux Compagnies d'express.

f) *Sanctions nouvelles*. — La loi Elkins avait effacé l'emprisonnement de la liste des peines qui punissent les « discriminations »; la loi de 1906 le rétablit. — Une interprétation restrictive des anciens textes pouvait faire échapper aux sanctions édictées les « rebates », allocations des Compagnies aux expéditeurs qui les favorisaient de leur clientèle. Cette impunité n'existe plus. Le ministère public est chargé de poursuivre ceux qui ont donné, comme ceux qui ont reçu ces sommes frauduleuses; l'amende est de trois fois leur valeur. La prescription est de six ans.

g) *Pouvoirs nouveaux de l'Interstate Commerce Commission*. — Le nombre des commissaires est augmenté; il est porté de cinq à sept (*). La Commission reçoit en effet des attributions nouvelles, en même temps que son autorité est fortifiée.

Elle n'était, dans la loi de 1887, qu'un Comité de statistique; elle devient presque un corps de contrôle financier. Elle devra établir un modèle de comptabilité et l'imposer aux Compagnies dont les bilans, arrêtés au 30 juin, lui seront remis annuellement avant le 30 septembre sous peine d'une astreinte de 500 francs par jour de retard. Elle ne peut sans doute s'immiscer dans la gestion des directeurs; l'administration des dépenses, les distributions de dividendes, les émissions d'emprunts (**) ne sont pas du

---

(*) Les deux nominations complémentaires viennent d'être faites par le président. L'un des nouveaux membres est un avocat, l'autre est le président du « Syndicat des Conducteurs de train », ancien garde-frein lui-même. Les autres commissaires étaient tous, avant d'être choisis, des hommes de loi : un seul avait été directeur d'une Compagnie de chemin de fer. — Le traitement est de 50.000 francs.

(**) Ce contrôle est pourtant reconnu de plus en plus nécessaire. Dans son message du 3 décembre 1906, le Président Roosevelt insiste sur la nécessité de mesures législatives propres à arrêter la « surcapitalisation » des chemins de fer; c'est un mal aujourd'hui commun à toutes

domaine de sa compétence. Mais ses pouvoirs d'inspection sont illimités. Les livres, les archives ne pourront être tenus que dans la forme prescrite et devront être ouverts aux commissaires et aux experts désignés. Les sanctions sont sévères : 500 francs par jour et par contravention pour refus de réponse à une demande de la Commission ; 2.500 francs pour infraction à la règle d'unité des comptes ; 25.000 francs et emprisonnement d'un à trois ans pour falsification d'écritures. Ces peines sont appliquées par les tribunaux fédéraux.

L'examen des tarifs reste la fonction essentielle de l'*Interstate Commission*. Aux tarifs sont assimilées les taxes de toute nature perçues soit par les compagnies de chemins de fer (droits de magasinage, d'embranchements particuliers), soit par les industriels qui les suppléent dans certains services (fourniture de matériel roulant, location de docks, entretien, en cours de route, des wagons réfrigérés, etc...). La loi Hepburn étend, pour cette revision, les droits de la Commission. Elle n'est plus seulement appelée à émettre des avis sur l'équité d'un tarif : dans chaque cas d'espèce, elle doit fixer le maximum de celui qui est « juste et raisonnable », et ce maximum devient celui des perceptions autorisées pour les transports et sur la distance en litige. Les compagnies ne peuvent désormais donner une satisfaction illusoire par

---

les Compagnies puissantes des États-Unis. Leur origine (ou celle des trusts) est toujours la même : un Comité de banquiers se forme pour acheter et grouper un certain nombre d'industries concurrentes. Des actions sont émises; leur valeur est toujours de beaucoup supérieure au capital réel des sociétés trustées. Cette différence est expliquée par les bénéfices que doivent donner une production concentrée et un marché sans rivalités ; ces avantages peuvent être réels ; ils ne suffisent jamais à justifier l'écart. Mais, les apports une fois payés en actions « privilégiées », les banques peuvent écouler à bas prix un grand nombre d'actions « ordinaires », et elles y font fortune. Ainsi s'explique la multitude de valeurs bas cotées et sans dividendes. La spéculation y trouve son compte, mais il devient impossible de connaître exactement le taux réel du revenu d'une entreprise (Cf. *Trust finance* de *Meade*).

une réduction infime des tarifs condamnés ; elles doivent les abaisser au-dessous de la limite prescrite : avant trente jours elles ont à modifier leurs barèmes en conséquence. Liberté ne leur est rendue qu'après deux ans. Même autorité est reconnue à la Commission en matière de tarifs communs. Si le défaut d'entente entre réseaux en a empêché l'adoption demandée par les expéditeurs, elle a le droit de l'ordonner, de déterminer l'échelle maximum, de faire même la ventilation des bénéfices perçus entre les compagnies concourant au transport.

L'on voit l'importance de la réforme. Le contrôle de la Commission ne s'étend pas à tous les tarifs : il est limité à ceux pour lesquels plainte a été portée ; mais, une fois saisie (et pour la saisir il n'est pas besoin d'être directement intéressé dans l'affaire), elle prolonge en quelque sorte l'effet de ses décisions et peut en assurer l'exécution. Refuser de s'y soumettre, c'est s'exposer à cumuler les amendes à dater du jour de la sentence.

Il faut en effet distinguer le double caractère de l'*Interstate Commission :* corps consultatif ou « quasi judiciaire (*) » dans la loi de 1887, elle l'est partiellement restée dans celle de 1906 ; et c'est à ce titre qu'elle continue à donner des « avis » sur les dommages subis et les réparations dues par suite de tarifs injustes. Si le défendeur n'obtempère pas, l'affaire est instruite, comme une action civile ordinaire, par les cours fédérales « de circuit ». Le jury est réuni (**) : la décision de l'*Interstate Commission* ne constitue alors qu'un témoignage de première valeur.

Tout autre est la nature des « ordres » que la loi de 1906 lui reconnaît le droit de prononcer pour prévenir le retour des abus passés : par exemple, quand elle prescrit un

______

(*) L'expression a été employée lors de la discussion de la loi.
(**) La Constitution exige la réunion du jury pour toute action civile en paiement de plus de 100 francs.

tarif maximum. Bien que rendues sur des cas d'espèces, ses décisions ont alors une portée réglementaire. Ce n'est donc pas comme tribunal qu'elle intervient; ce n'est pas non plus comme corps administratif; il n'est pas de méthode sûre et en quelque sorte mathématique pour apprécier le maximum du tarif juste et raisonnable. Le faire discrétionnairement est œuvre purement législative, et l'on conçoit que, dans ce cas, les décisions de la Commission aient force exécutoire.

L'appel subsiste pourtant ; nous verrons plus loin à quel titre et dans quelles limites s'exerce ce droit de revision des Cours fédérales. Il suffit d'indiquer brièvement la procédure. Les décisions de la Commission peuvent être déférées par le défendeur qui veut les faire annuler, le plaignant qui n'a pas obtenu satisfaction, le ministère public qui doit veiller au paiement des amendes légales. Les Cours de circuit sont compétentes. Les appels en dernier ressort sont directement portés devant la Cour suprême (*), où ils ont la priorité sur toutes les causes civiles. Pour les jugements interlocutoires, le délai d'appel est spécialement bref : trente jours seulement. Ils suspendent l'application des amendes et l'exécution des ordres de la Commission, mais ils ne peuvent être rendus que si celle-ci a été admise à faire valoir ses observations.

Telle est, dans son ensemble, la loi Hepburn. Elle est, avant tout, dirigée contre les trusts. L'assimilation des taxes aux tarifs, des « pipe-lines » aux voies ferrées, l'interdiction de cumuler aucun commerce, aucune industrie avec celle des transports sont autant de mesures qui

---

(*) Les tribunaux fédéraux sont, dans l'ordre hiérarchique : les cours de district, les cours de circuit, les cours d'appel de circuit, la Cour suprême. Seules les secondes et la quatrième peuvent être appelées à examiner les décisions de la Commission. L'on voit combien la procédure est simplifiée.

les frappent directement. Le temps est passé où l'on croyait faire sortir les heureux effets de la concurrence de sa liberté même. Il faut aujourd'hui rétablir l'équilibre détruit et une réglementation est reconnue nécessaire; elle s'est imposée aux États comme au Gouvernement fédéral; ceux d'entre eux qui ont le plus récemment modifié leur constitution (*) viennent d'adopter un régime presque identique à celui de la loi nouvelle, et il est curieux de voir, par exemple, les États de la Nouvelle-Angleterre se montrer aussi rigoureux pour la constitution des réseaux de tramways électriques qu'ils avaient été libéraux dans les chartes octroyées aux premiers chemins de fer (**).

Ces tendances centralisatrices s'inspirent moins d'une doctrine politique que d'un état économique. A deux reprises, dans ses messages de 1905 et 1906, le Président Roosevelt a déclaré fort peu désirable l'exploitation des chemins de fer par l'État (***). Mais, avec lui, tous les partis conservateurs ou avancés s'accordaient pour reconnaître l'urgence de mesures propres à assainir la situation commerciale en fortifiant les droits du Gouvernement et limitant la liberté des compagnies devenues trop puissantes.

Interprétation de la loi. — Ces mesures produiront-elles tous les effets escomptés par leurs auteurs? Elles sont

---

(*) Le Washington, le Kansas, l'Indiana et le Wisconsin.

(**) Au Massachusetts, toute émission d'actions ou d'obligations de tramways doit être approuvée par la Commission d'Etat. Au delà d'un intérêt de 6 p. 100, il y a partage, par moitié, des bénéfices entre les actionnaires et l'Etat.

(***) Le président de l'*Interstate Commerce Commission* a montré les avantages d'un rachat qui supprimerait la spéculation sur les valeurs de chemins de fer; mais il insiste sur le danger de l'immixtion de la politique dans la concurrence régionale (*Annals of the American Academy*, janvier 1902). Il serait, de plus, malaisé de concilier les droits du Gouvernement fédéral et l'indépendance des Etats.

trop récentes pour qu'on puisse rien préjuger. Des charges pèseront sur les compagnies ; c'est un travail considérable et tout nouveau que la publication détaillée, dans chaque gare, des taxes et tarifs : déjà de nombreuses contestations s'élèvent à ce sujet. Plus grave est la question de savoir si la loi sera reconnue « constitutionnelle ». Les articles de 1787 et les quinze amendements sont la garantie de la liberté individuelle comme de l'indépendance des États contre les empiétements du Gouvernement fédéral. Le texte en est intangible (*), l'interprétation restrictive. Le Congrès ne peut accorder les droits qu'ils refusent ; et la Cour suprême, gardienne de la Constitution, doit déclarer nulles les extensions du pouvoir fédéral contraires à ces principes.

La portée réelle de la loi Hepburn ne pourra donc être connue qu'une fois franchies les épreuves de cet examen constitutionnel par les Cours judiciaires. Dès la discussion, certaines de ses dispositions ont soulevé les critiques des jurisconsultes. Il n'est pas sûr, par exemple, que l'obligation des compagnies à la responsabilité et à l'établissement de tarifs communs ne soit pas attentatoire à la liberté individuelle et contraire, par suite, au premier amendement (**). Douteux aussi est le droit d'attribution de dommages-intérêts par la Commission, quand la Constitution exige la réunion du jury pour toutes les actions civiles. Mais le véritable débat s'engagera sur le caractère juridique nouveau de l'*Interstate Commission* et l'étendue des pouvoirs qui lui sont conférés.

Le problème est complexe et a plusieurs faces. Le Congrès, nous l'avons vu, a reçu la mission explicite de

---

(*) Sauf nouvelle consultation du peuple qui a voté par délégation les articles de 1787.

(**) « Aucun citoyen ne doit être privé, sans procédure régulière, de sa liberté ou de sa propriété ; — toute atteinte à la propriété individuelle doit donner lieu à compensation. »

réglementer le commerce entre États; mais n'est-ce pas une interprétation abusive que d'en déduire le droit d'imposer des tarifs maximums à l'indépendance des Compagnies ?

Ce droit admis, peut-on le déléguer? La Constitution permet-elle au Congrès de se dédoubler et de créer un organisme doté d'une autorité législative parallèle à la sienne?

Quelles seront, enfin, les limites de cette autorité? Quel est le fondement et quelle sera l'étendue de la revision judiciaire des décisions de la Commission? Deux doctrines sont possibles. L'on peut dire : rien ne distingue un « ordre » de la Commission en matière de tarifs d'un « Act » fédéral ordinaire, voté par le Congrès. Le contrôle des Cours doit donc être le même ; elles examineront simplement si aucune des libertés fondamentales garanties dans la Constitution ne se trouve menacée. Une seconde thèse est celle-ci : fixer un tarif appartient au pouvoir législatif, en condamner un au pouvoir judiciaire. Or l'*Interstate Commission*, qui n'intervient jamais d'office, ne peut faire l'un sans l'autre. La Constitution a défini limitativement l'organisation judiciaire de la Confédération : la Commission n'y figure pas. C'est donc aux Cours que reviennent le droit et le devoir de juger *en dernier ressort* si une substitution de tarif est justifiée. Elles auront à reprendre et à examiner tous les faits de la cause, ouvrir, si elles l'entendent, une nouvelle instruction : leur pouvoir reste aussi étendu qu'il l'était dans la loi de 1887.

Ces deux interprétations si différentes ont été soutenues lors de la discussion de la loi en 1906 à la Chambre et au Sénat. Elles restent également possibles dans le texte définitif. « Les Cours, dit-il, doivent juger si la décision a été *régulièrement* prise et dûment notifiée. » Rien n'est plus vague, et seule la jurisprudence pourra reconnaître l'indépendance de la Commission ou lui laisser seulement une autorité amoindrie.

Telles sont les diverses questions qui se posent; de leur solution, que rien n'indique, dépendra la portée exacte de la loi nouvelle (*).

NOTE ADDITIONNELLE.

Depuis la rédaction de cette note, une vive campagne politique s'est ouverte contre les Compagnies de chemins de fer. A l'intérieur d'un grand nombre d'États, les Chambres locales ont réduit à 0 fr. 063 par kilomètre le tarif voyageurs (il n'y a qu'une classe aux États-Unis). Des lois ont été votées frappant d'indemnités les Compagnies qui ne peuvent satisfaire aux demandes de matériel. D'autres mesures de rigueur sont ou vont être prises dans les États : quelques-unes sont d'une légalité douteuse ; la Cour suprême prononcera. — D'autre part, l'*Interstate Commission* instruit contre les opérations financières du trust Harriman. Le Gouvernement fédéral, pour combattre la hausse fictive en Bourse des actions de chemins de fer, étudie les moyens de déterminer lui-même, par un vaste inventaire, leur valeur réelle.

Le crédit des Compagnies traverse une crise ; il est impossible d'en dégager dès maintenant les conséquences économiques et législatives.

(*) Le Président Roosevelt la considère lui-même comme une mesure de transition. Il estime qu'il faudra fortifier encore, dans un avenir plus ou moins lointain, les pouvoirs du Gouvernement fédéral, surtout en matière de contrôle financier. Il « recommande » aussi le vote de lois sur le risque professionnel et la réduction des heures de travail des employés des chemins de fer (Message du 4 décembre 1906).

TOURS

IMPRIMERIE DESLIS FRÈRES

6, rue Gambetta, 6